Impressum
Verlag: BABADADA GmbH, Nedderfeld 112 , 22529 Hamburg
Geschäftsführer / Verlagsleitung: Harald Hof
Druck: Books on Demand GmbH, In de Tarpen 42, 22848 Norderstedt

Imprint
Publisher: BABADADA GmbH, Nedderfeld 112 , 22529 Hamburg, Germany
Managing Director / Publishing direction: Harald Hof
Print: Books on Demand GmbH, In de Tarpen 42, 22848 Norderstedt

學校

baruumsaa

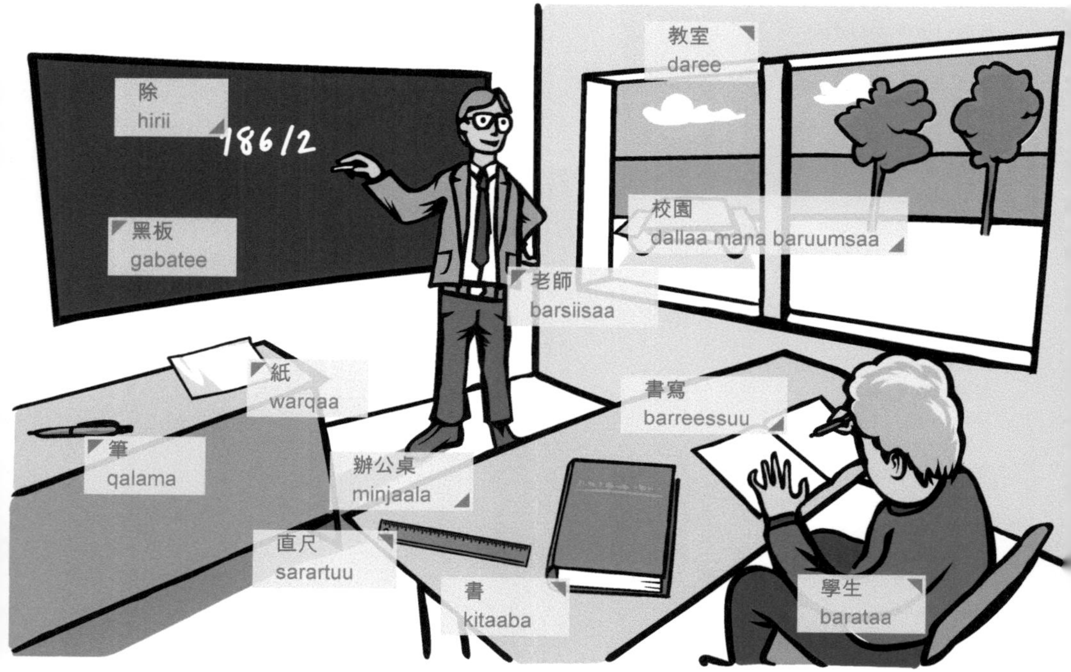

教室
daree
除
hirii
186/2
黑板
gabatee
校園
dallaa mana baruumsaa
老師
barsiisaa
紙
warqaa
書寫
barreessuu
筆
qalama
辦公桌
minjaala
直尺
sarartuu
書
kitaaba
學生
barataa

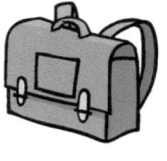

書包
korojoo baattamu

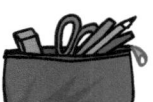

鉛筆盒
teessoo irsaasii

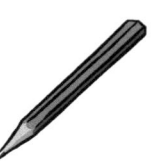

鉛筆
irsaasii

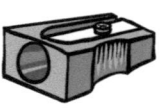

削鉛筆機
qartuu irsaasii

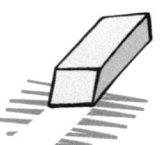

橡皮擦
haqxuu

畫板
paadii fakkii

圖畫
fakkii

畫筆
burusha halluu

顏料盒
saanduqa halluu

剪刀
maqasa

膠水
maxxansituu

練習冊
daftara

家庭作業
hojii manaa

數字
lakkoofsa

加
ida'ii

減
hir;isi

乘
bay;isi

計算
heerregii

字母
xalayaa

字母表
tarree qubee

字
jecha

課文

kitaaba barataa

讀

dubbisuu

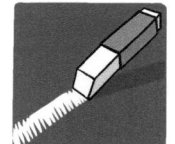

粉筆

biroonkii

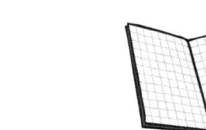

上課

baruumsa

登記

galmeessuu

考試

qormaata

證書

raga barreeffamaa

校服

uffata mana baruumsaa

教育

barnoota

百科全書

insaaykiloopeediyaa

大學

yuunivarstii

顯微鏡

maaykiroos kooppii

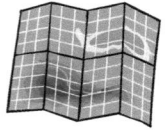

地圖

kaartaa

廢紙簍

qircaata gatoo

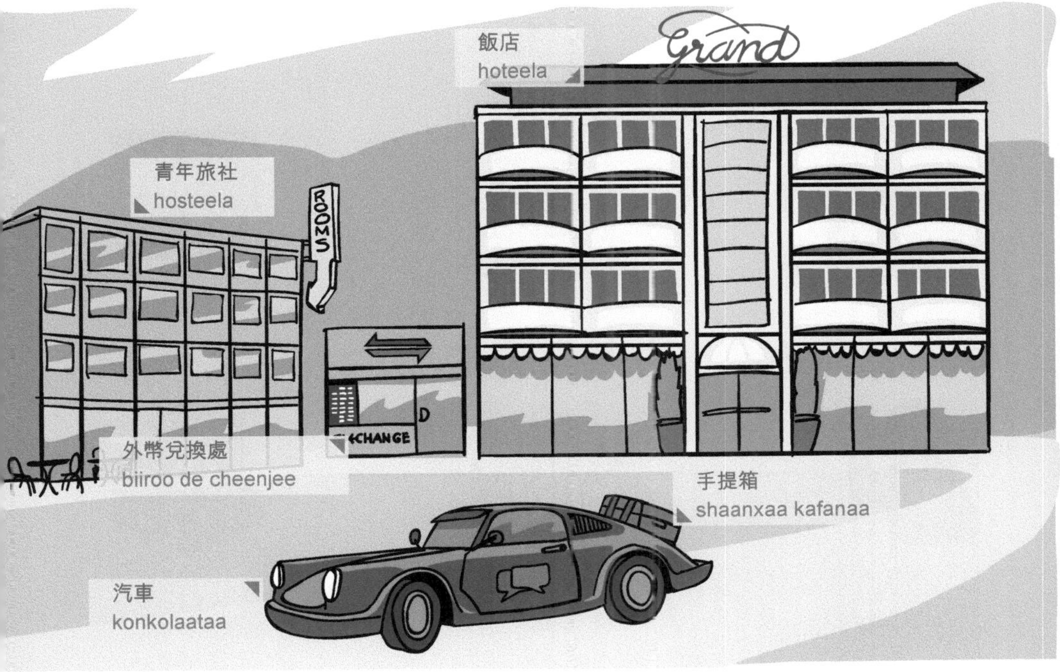

飯店
hoteela
Grand
青年旅社
hosteela
ROOMS
外幣兌換處
biiroo de cheenjee
EXCHANGE
手提箱
shaanxaa kafanaa
汽車
konkolaataa

語言
afaan

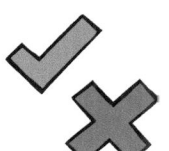

是/否
eyyeen / mitii

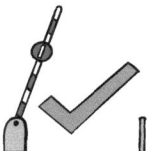

好的
haa ta'u

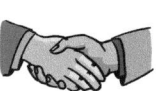

您好
heloo

翻譯人員
turjmaana

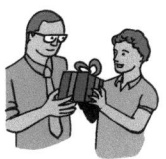

謝謝
galatoomaa

......多少錢？

meeqa

我不明白

naaf hingalle

問題

rakkoo

晚上好！

akkam ooltan

早上好！

akkam bultan?

晚安！

halkan gaarii

再見

nagaatti nagaatti

方向

kallattii

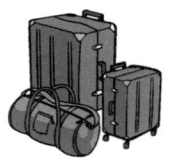

行李

ba'aa imalaa

包

korojoo

背包

ba'aa dugdaa

客人

keessummaas

房間

kutaa

睡袋

korojoo hirriibaa

帳篷

dukkaana

旅行資訊

odeeffannoo turistii

海灘

qarqara haroo

信用卡

kireedit kaardii

早餐

ciree

午餐

laaqana

晚餐

irbaata

票

tikkeetii

電梯

liiftii

郵票

chaappaa

邊界

daangaa

海關

barmaatilee

大使館

embaasii

簽證

viizaa

護照

paasspoortii

交通運送

geejiba

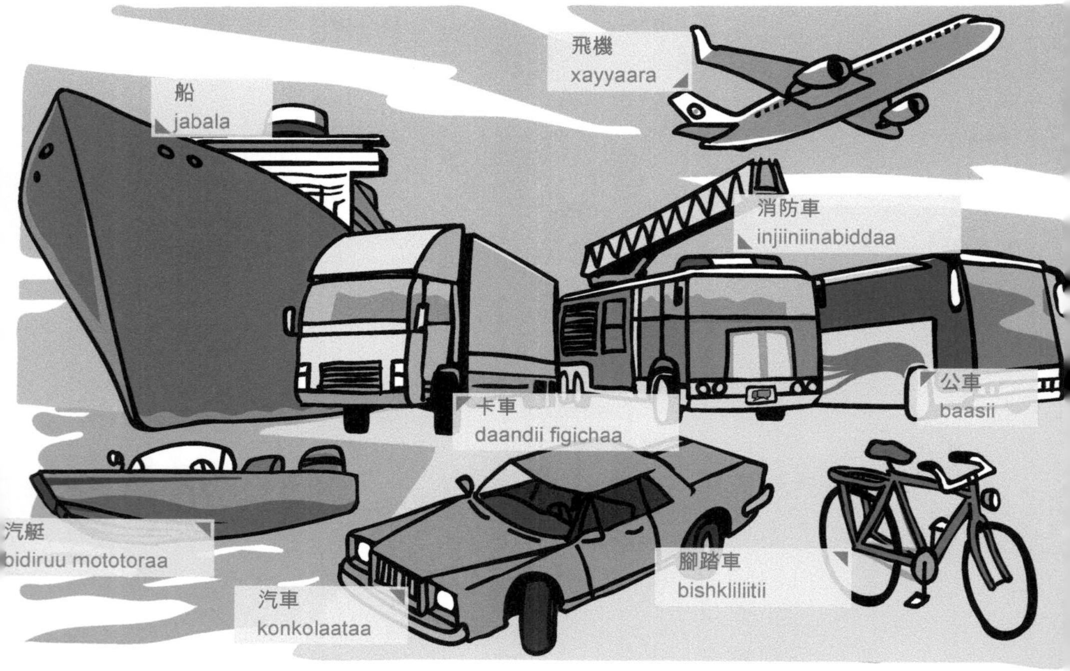

飛機
xayyaara
船
jabala
消防車
injiiniinabiddaa
公車
baasii
卡車
daandii figichaa
汽艇
bidiruu mototoraa
腳踏車
bishkliliitii
汽車
konkolaataa

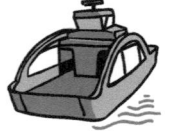

渡輪

bidiruu deeddebii

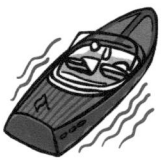

小船

bidiruu

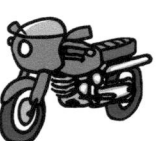

機車

doqdoqqee

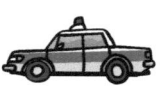

警車

konkolaataa foolisaa

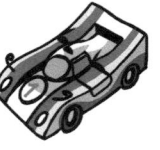

賽車

konkolaataa dorgommii

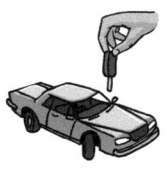

租車

konkolaataa kiraa

拼車

konkolataa waliin gahuu

拖車

marsaa boqqoonna

垃圾車

daandii dhorkaa

馬達

motora

汽油

boba'aa

加油站

buufata boba'aa

交通標識

mallattoo tiraafikaa

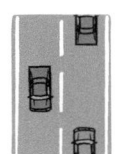

交通

tiraafika

交通堵塞

cuccufaa daandii
konkolaataa

停車場

dhaabbii konkolaataa

火車站

buufata baburaa

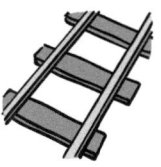

軌道

konkolaataa guddaa

火車

baabura

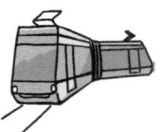

路面電車

baabura eleektirikaa

客車廂

gaarii fardaa

直升機

helikooftara

機場

buufata xayyaaraa

塔

qooxii

乘客

keessummaa

集裝箱

konteenara

紙板箱

kaartunii

手推車

gaarii

籃子

qirccaata

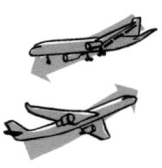

起飛/降落

barrisuu / qubachuu

城市

magaalaa gudaa

村莊

araddaa

市中心

handhuura magaalaa

房子

mana

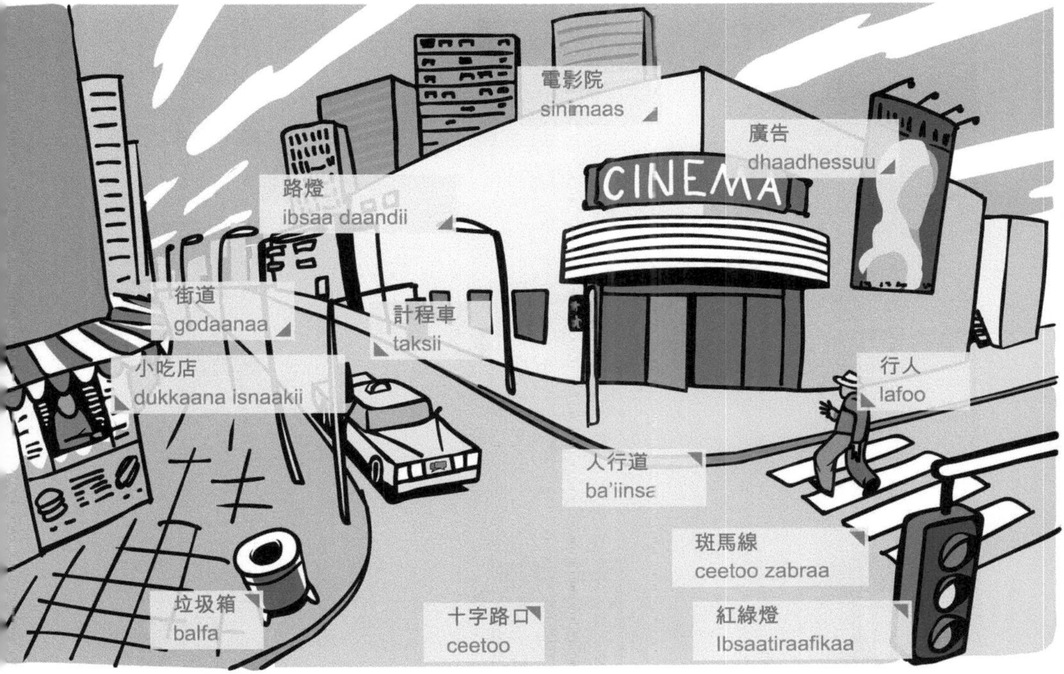

電影院
sinimaas
CINEMA
廣告
dhaadhessuu
路燈
ibsaa daandii
街道
godaanaa
計程車
taksii
小吃店
dukkaana isnaakii
行人
lafoo
人行道
ba'iinsa
斑馬線
ceetoo zabraa
垃圾箱
balfa
十字路口
ceetoo
紅綠燈
Ibsaatiraafikaa

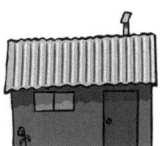

小屋
godoo

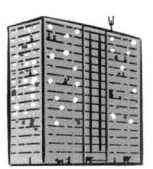

公寓
diriiraa

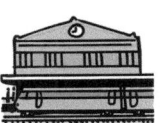

火車站
buufata baburaa

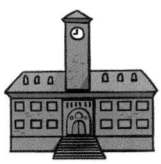

市政廳
galma magaalaa

MUSEUM

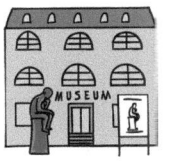

博物館
muuziyeemii

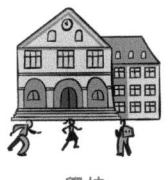

學校
baruumsaa

大學
yuunivarstii

銀行
baankii

醫院
hospitaala

飯店
hoteela

藥房
mana qorichaa

辦公室
waajjira

書店
dukkana kitaabaa

商店
dukkaana

花店
gurgurtuu abaabo

超市
suppar maarkeetii

市場
gabaa

百貨商店
kuusaa dame

魚店
kiyyeessituu qurxxummii

購物中心
giddu gala gabaa

海港
buufata galaanaa

公園
paarkii

長凳
tessoo dalgee

橋
riqica

樓梯
sibsaabii

捷運
Lafa jala

隧道
holqa

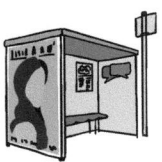

公車站
buufata konkolaataa

酒吧
baarii

餐館
mana nyaataa

郵筒
saanduqa poostaa

路標
mallattoodaandii

停車計時器
idoo dhaabbii konkolaataa

動物園
dallaa beeladaa

游泳池
haroo daakkaa

清真寺
masgiida

農場

qonna

污染

faalama

墓地

iddoo awwaalchaa

教堂

charchii

操場

dirree taphaa

寺廟

siidaa

地形

teechuma lafaa

樹葉
baala

指示牌
maxxansa beeksiisaa

路
karaa

草地
huruufa magariisa

石頭
dhakaa

徒步旅行者
nama lafoo deemu

樹
muka

河
laga

草
mrga

花
abaaboo

峽谷

sulula

丘陵

tabba

湖

hara

森林

bosona

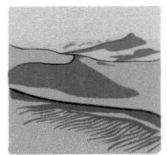

沙漠

gammoojjii oo;aa

火山

dhooyinsalafaa

城堡

masaraa

彩虹

sabbata waaqqaa

蘑菇

jaarsa marqoo

棕櫚樹

muka teemiraa

蚊子

bookee busaa

蒼蠅

balali'uu

螞蟻

mixii

蜜蜂

kanniisa

蜘蛛

sarariitii

甲蟲

boombii

青蛙

hurrii

松鼠

shikookkoo

刺蝟

xaddee

野兔

beelada illeentii fakkaatu

貓頭鷹

jajuu

鳥

simbira

天鵝

daakkiyyee

野豬

ifaannaa

鹿

godaa

麋鹿

godaa ameerikaatti argamu

水壩

riqicha

風力發電機

tarbaayinii buubbee

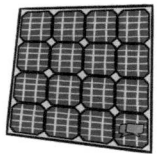

太陽能電池板

panaalii soolaarii

氣候

haala qilleensaa

餐館
mana nyaataa

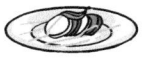

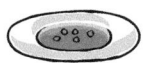

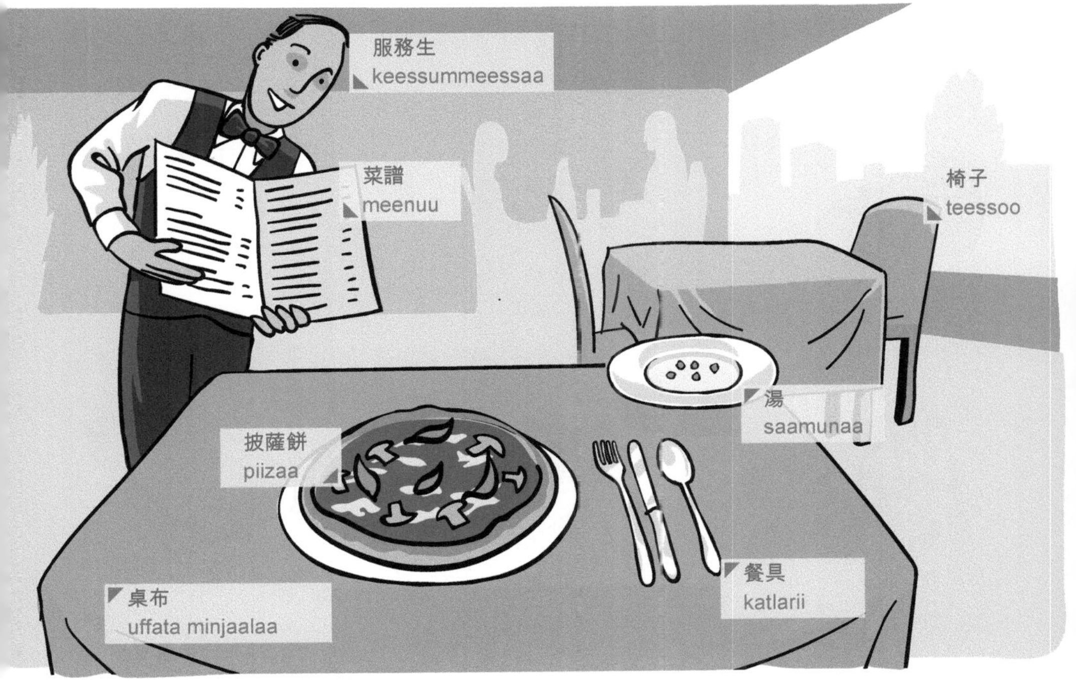

服務生
keessummeessaa
菜譜
meenuu
椅子
teessoo
湯
saamunaa
披薩餅
piizaa
餐具
katlarii
桌布
uffata minjaalaa

前菜

calqabsiisaa

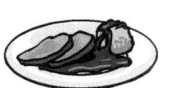

主菜

madda muummee

甜點

deezaartii

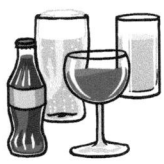

飲料

dhugaatii

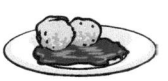

食物

nyaata

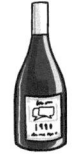

瓶子

qaruuraa

速食

nyaata qophaa'aa

街邊小吃

nyaata karaa irraa

茶壺

markajii shaayii

糖盒

qodaa shukkaaraa

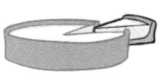

一份飯菜

uwwisa

義式咖啡機

maashina espereessoo

高腳椅

teessoo ol ka'aa

帳單

nagahee

托盤

tirii

刀

hlbee

餐叉

shuukkaa

勺子

fal'aana

茶匙

fal'aana shaayii

餐巾

uffrata minjaala nyaataa

玻璃杯

burcuqqoo

碟子

diiriiraa

湯盤

teessoo saamunaa

碟子

teessoo siinii

醬

sugoo

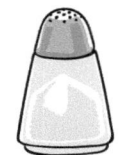

鹽瓶

qodaa sooqiddaa

胡椒研磨罐

daaktuu barbaree

醋

hadhooftuu

食用油

zayita

調味料

qimamii

番茄醬

kachappii

芥末

sanaafica

美乃滋

maaynoneezii

超市

suppar maarkeetii

特價
kenaa addaa
FOR
顧客
maamila
乳製品
oomish aannanii
水果
fuduraa
購物車
baabura eelektirikaa

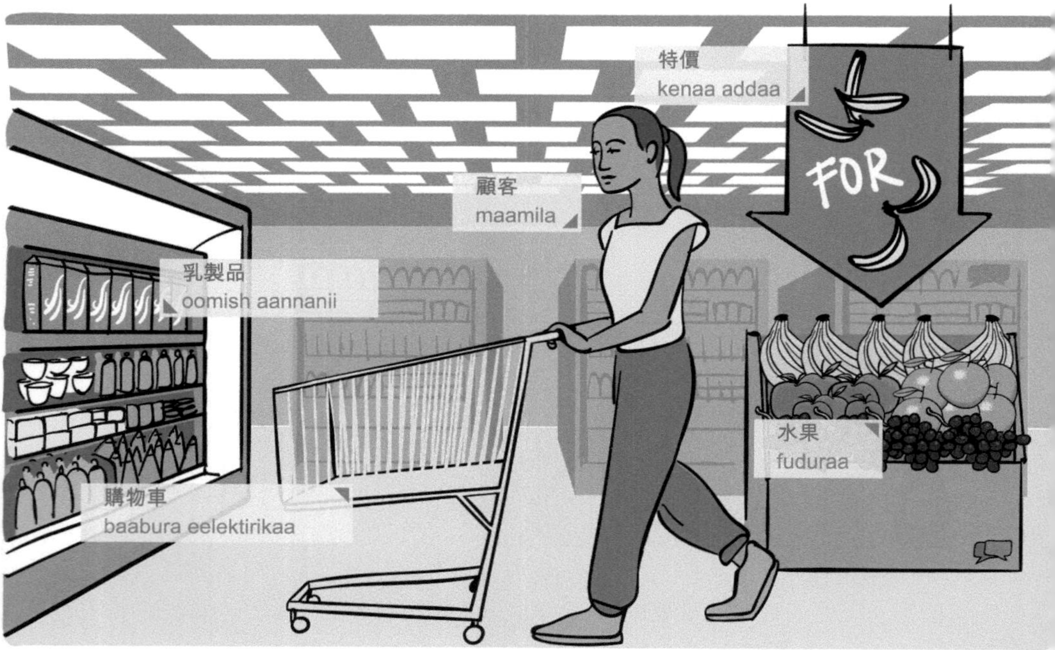

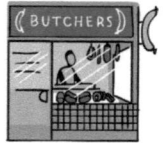

BUTCHERS

肉鋪

mana foonii

BAKERY

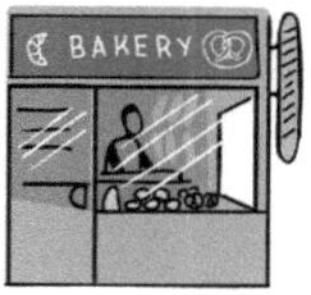

麵包店

tolchituu

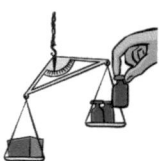

稱重

ulfaatina safaruu

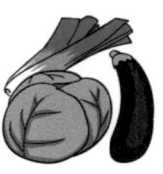

蔬菜

kuduraa

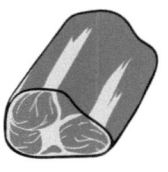

肉

foon

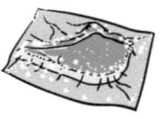

冷凍食品

nyaataqorraa

冷盤
foon qorraa

罐頭食品
nyaata samsmaa

洗衣粉
oomoo

甜食
mi'aawaa

日用品
oomisha meeshaa manaa

清潔用品
bu'aa qulqulleessuu

銷售員
nama gurgurtaa

收銀機
hanga

收銀員
qarshi qabduu

購物清單
taree gabaa

開放時間
sa'aatii baniinsaas

錢包
krojoo qarshii kan dhiiraa

信用卡
kireedit kaardii

袋子
korojoo

塑膠袋
korojoo pilaastikaa

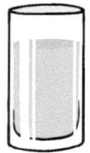

水
bishaan

果汁
cuunfaa

牛奶
aannani

可樂
kookii

紅酒
wayinii

啤酒
biiraa

酒
alkoolii

可可
kookaa

茶
shaayii

咖啡
buna

義式濃縮咖啡
espereesso

卡布奇諾
kaappuchuunoo

香蕉

muuzii

蘋果

aappilii

柳丁

burtukaana

西瓜

meeloonii

檸檬

loomii

胡蘿蔔

kaarotii

大蒜

qullubbii adii

竹子

leemmana

洋蔥

qullubbii

蘑菇

jaarsa marqoo

堅果

godoo

麵條

gowwaa

義大利麵
ispaageetii

米飯
ruuza

沙拉
salaaxaa

薯條
chiipsii

炸馬鈴薯
moose affeelamaa

披薩餅
piizaa

漢堡
hmbargarii

三明治
saanduchii

炸豬排
kotaleetii

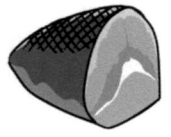

火腿
foon booyyee kan luka
fuuiduraa

義大利臘腸
nyaata mi'eessituu fi
sooggiddan sukkummame

香腸
sausage

雞肉
lukuu

烤肉
waaddii

魚
qurxummii

燕麥片

bulluqa aajjaa

木斯里

masliis

玉米片

fandishaa

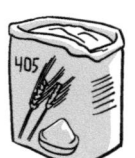

麵粉

daakuu

牛角麵包

kiroosantii

麵包捲

daabboo-

麵包

daabboo

吐司

dabboo oo'aa

餅乾

buskuuta

奶油

dhadhaa

凝乳

itittuu

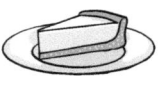

蛋糕

keekii

蛋

buuphaa

煎蛋

buuphaa affeelamaa

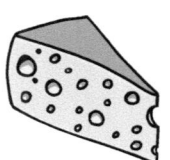

起司

ayibii

冰淇淋

aays kireemii

糖

shukkaara

蜂蜜

damma

果醬

marmaalaataa

巧克力醬

chokkoleetii bittinnaa'aa

咖哩

kuurii

農場

qonna

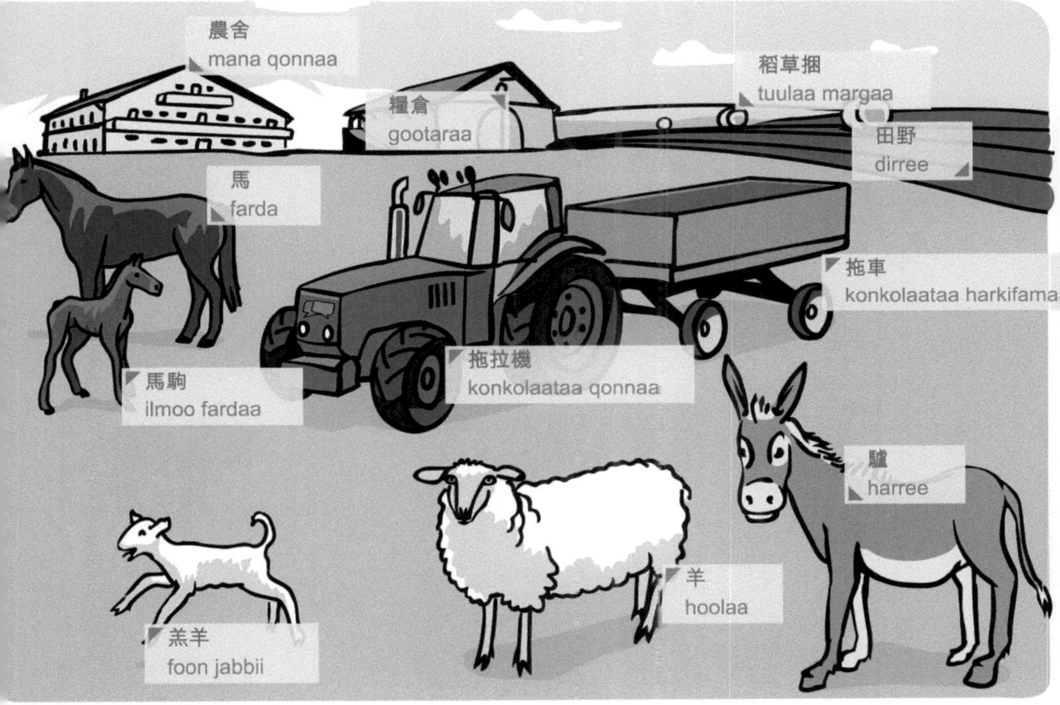

農舍
mana qonnaa
糧倉
gootaraa
稻草捆
tuulaa margaa
田野
dirree
馬
farda
拖車
konkolaataa harkifama
拖拉機
konkolaataa qonnaa
馬駒
ilmoo fardaa
驢
harree
羊
hoolaa
羔羊
foon jabbii

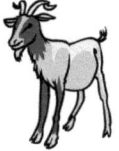

山羊

ra'ee

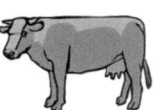

奶牛

sa'a

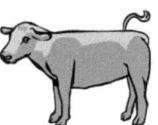

小牛

jabbilee

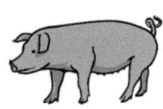

豬

booyyee

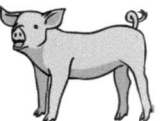

小豬

ilmoo booyyee

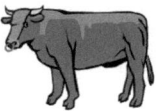

公牛

korma

鵝
ziyyee

鴨
daakkiyyee

小雞
lukkuu

母雞
lukkuu haadhoo

公雞
lukkuu kormaa

鼠
hantuuta

貓
adurree

老鼠
hantuuta goodaa

牛
qotiyyoo

狗
saree

狗屋
mana saree

花園澆水軟管
ujjummoo oddoo

澆水壺
kan ittin bishaan obaasan

長柄大鐮刀
haamtuu dheeraa

犁
qotuu

28　　　　　　農場 - qonna

鐮刀

haamtuu

鋤頭

gasoo

長柄草耙

manshii

斧頭

qotoo

獨輪手推車

gaarii goommaa

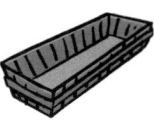

飼料槽

suluula

牛奶罐

meeshaa aannanii

麻布袋

keeshaa

柵欄

dallaa

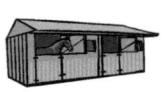

馬廄

tasgabbii

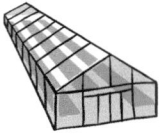

溫室

mana biqiltuu

土壤

biyyee

種子

sanyii

肥料

dachee gabbistuu

聯合收割機

kmbaayinara haamaa

收割

haamuu

收割

haamuu

地瓜

biqiltuu hundeen isaa
nyaatamu

小麥

qamadii

大豆

sooy

土豆

moose

玉米

boqqoolloo

油菜籽

raappii siidii

果樹

muka fudraa

樹薯

kzaavaa

穀物

midhaan biilaa

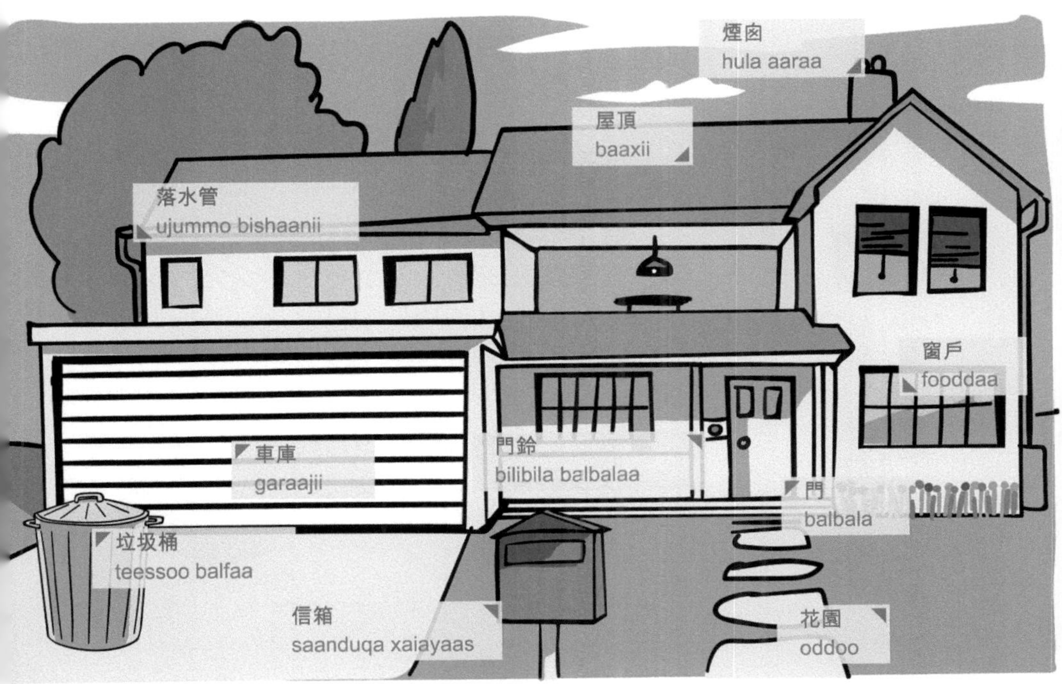

煙囪
hula aaraa

屋頂
baaxii

落水管
ujummo bishaanii

窗戶
fooddaa

車庫
garaajii

門鈴
bilibila balbalaa

門
balbala

垃圾桶
teessoo balfaa

信箱
saanduqa xaiayaas

花園
oddoo

客廳
kutaa jireenyaa

浴室
kutaa dhiqannaa

廚房
mana bilcheessaa

臥室
kutaa ciisichaa

兒童房
kutaa ijoollee

餐廳
kutaa nyaataa

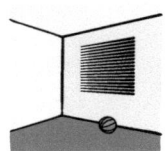

地板

lafa

牆壁

ededaa

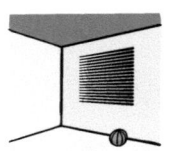

天花板

baaxii

地窖

seelaarii

三溫暖

saawunaa

陽臺

baankoonii

露臺

madaba

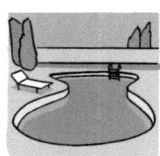

游泳池

puulii

割草機

konkoolaataa haamaa

被單

ansoolaa

床罩

uffata siree

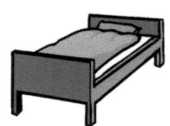

床

siree

掃帚

hartuu

水桶

baaldii

開關

cufuu

客廳

kutaa jireenyaa

壁紙
wolpeepparii
相片
fakkii
檯燈
foon hoolaa
擱架
masalangaa
櫥櫃
kaappi boordiis
電視
tleviszìinii
壁爐
midijjaa
花
abaaboo
墊子
boraatiii
沙發
soofaa
花瓶
tessoo abaaboo
遙控器
too'attuu halaalaa

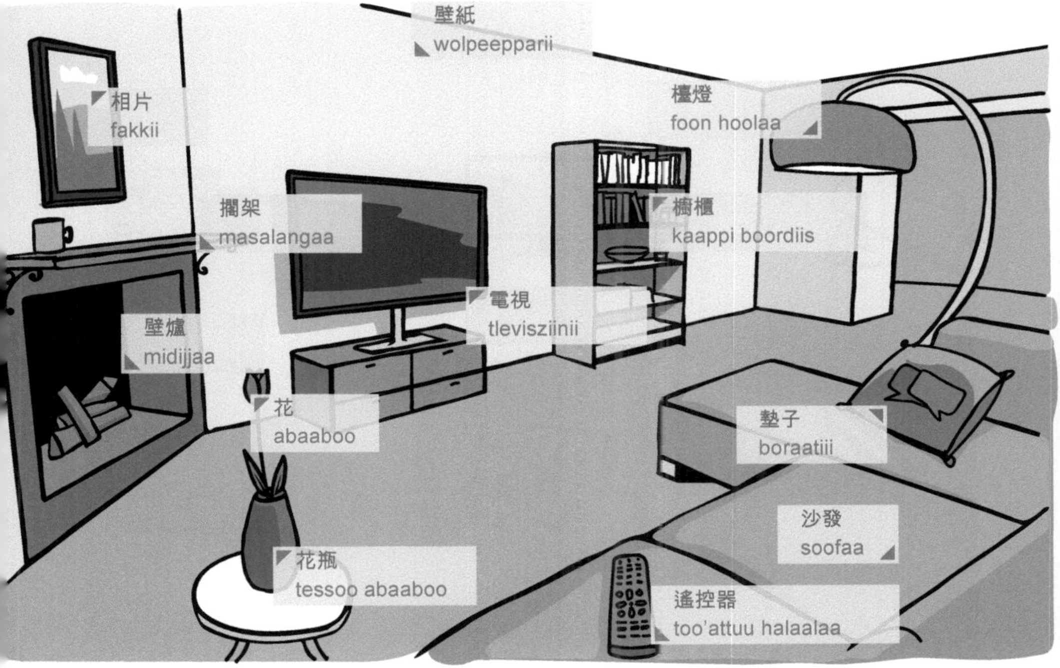

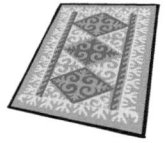

地毯

afata

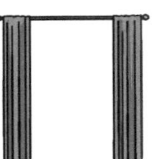

窗簾

golgaa

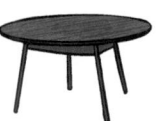

餐桌

minjaala

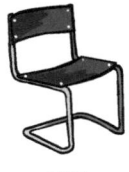

椅子

teessoo

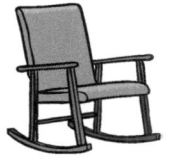

搖椅

teessoo rarra'aa

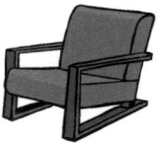

扶手椅

teesoo ciqilffannaa

書
kitaaba

毯子
uffata qorraa

裝飾品
midhagina

木柴
muka qoraanii

電影
fiilmii

高傳真音響
meeshaa

鑰匙
furtuu

報紙
gaazexaa

油畫
dibuu

海報
barjaa

收音機
reedyoonii

筆記本
daftara yaadanoo

吸塵器
meeshaa eeleektirikaa afata
qulqulleessu

仙人掌
laaftoo

蠟燭
dungoo

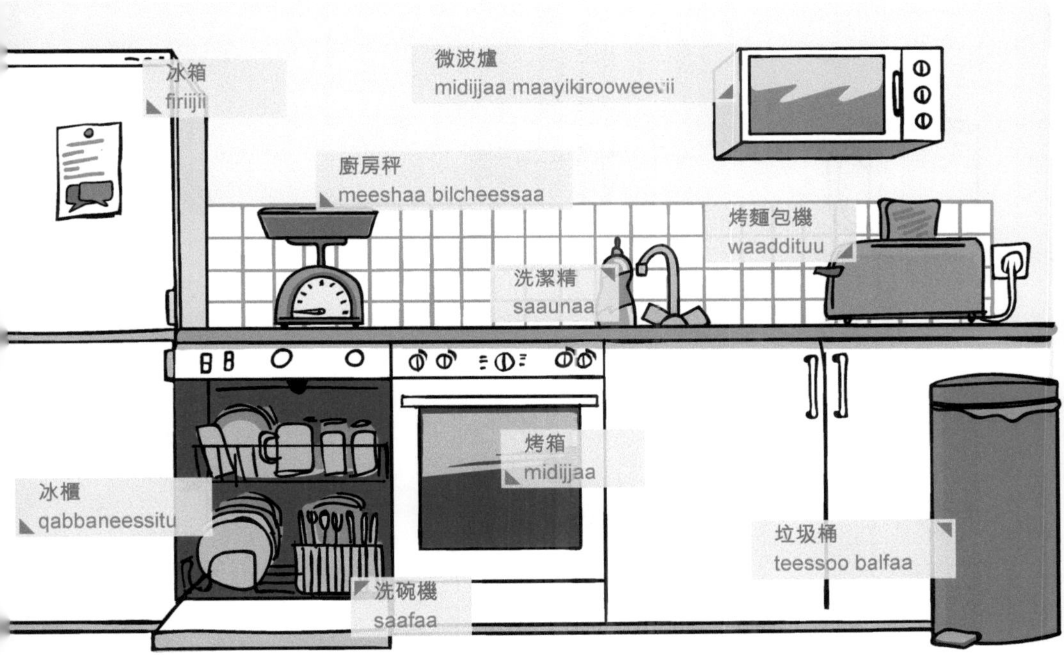

冰箱
firiijii

微波爐
midijjaa maayikirooweevii

廚房秤
meeshaa bilcheessaa

烤麵包機
waaddituu

洗潔精
saaunaa

冰櫃
qabbaneessituu

烤箱
midijjaa

垃圾桶
teessoo balfaa

洗碗機
saafaa

炊具

bilcheesssituu

鍋

okkotee

鑄鐵鍋

cast-iron pot

炒鍋

sataatee

平底鍋

waaddituu

水壺

markajii

蒸鍋

jabala humna urkaa

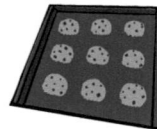

烤盤

tirii bilcheessaa

陶瓷鍋

bantuu qaruuraa

馬克杯

geeba

碗

sayinaa

筷子

dibata hidhii

長柄勺

cilfaa

鏟子

shuukkaa

攪拌器

areeda aduurree

濾網

dhimbiibduu

篩子

gingilchaa

磨碎機

meeshaa farfartuu

研缽

mooyyee

燒烤

waadii abiddaa

明火

midijjaa

菜板

maktafiyaa

擀麵杖

martuu

開瓶器

bantuu qaruuraa

罐子

danda'uu

開罐器

banuu danda'uu

隔熱手套

teesoo okkotee

水槽

lixuu

刷子

buruushii

海綿

ispoonjii

攪拌機

meeshaa waliin makaa

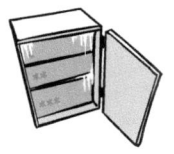

冷藏箱

qabbaneessaa guddaa

奶瓶

xuuxxoo

水龍頭

ujjuummoo

浴室
kutaa dhiqannaa

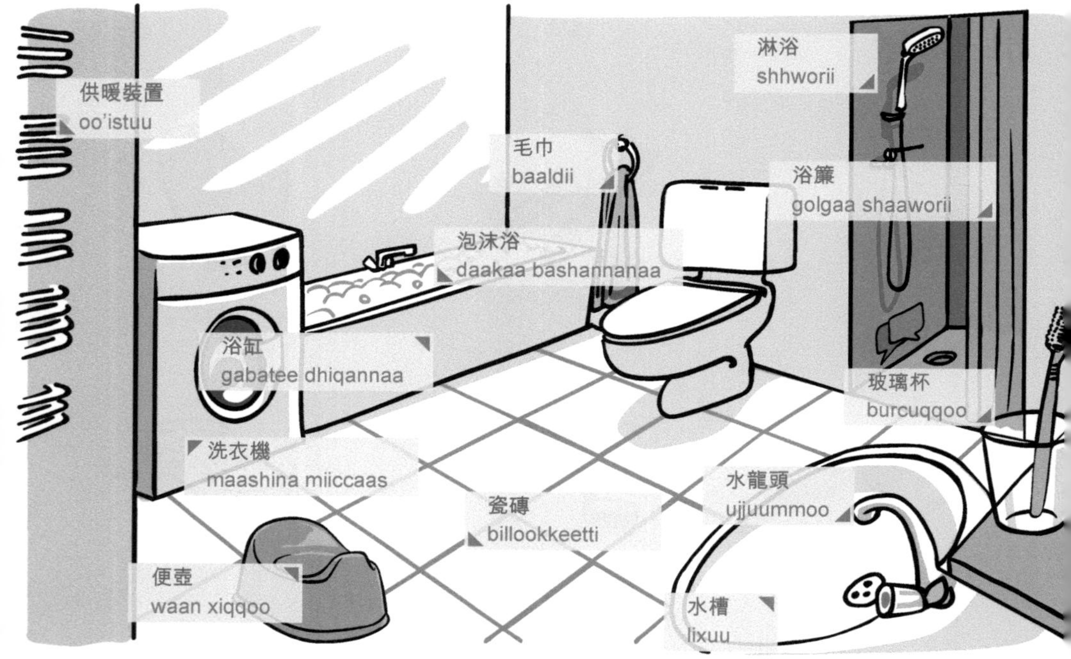

淋浴
shhworii
供暖裝置
oo'istuu
毛巾
baaldii
浴簾
golgaa shaaworii
泡沫浴
daakaa bashannanaa
浴缸
gabatee dhiqannaa
玻璃杯
burcuqqoo
洗衣機
maashina miiccaas
水龍頭
ujjuummoo
瓷磚
billookkeetti
便壺
waan xiqqoo
水槽
lixuu

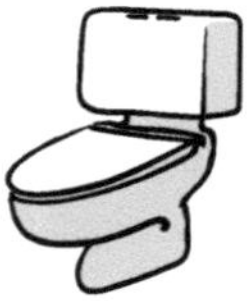

廁所

mana fincaanii

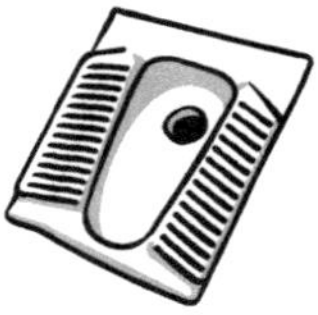

蹲便器

mana fincaanii taa'e

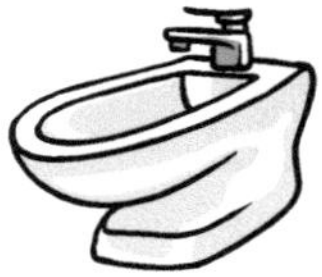

坐浴器

saafaa

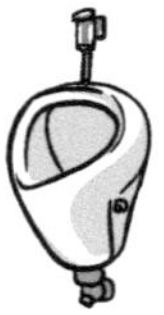

小便斗

sahiinaa mana fincaanii

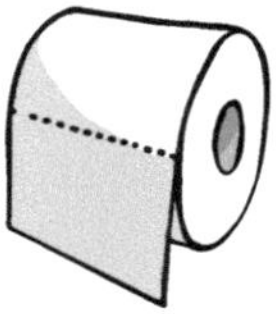

廁紙

sooftii

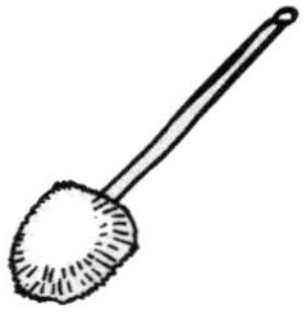

馬桶刷

burusha mana fincaanii

牙刷
buruushii ilkaanii

牙膏
saamunaa ilkaanii

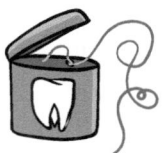

牙線
soqxuu ilkaanii

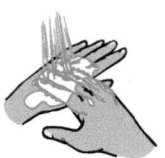

洗
dhiquu

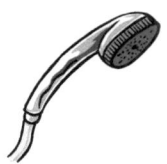

手持式蓮蓬頭
qaama dhiqannaa aadaa

沖洗器
kan dach

洗臉盆
sulula

洗背刷
mana dhiqataa

肥皂
saamunaa

沐浴露
dibata dhiqannaa boodaa

洗髮乳
shaampuu

法蘭絨
jejuu

排水
gogsuu

乳霜
kireemii

除臭劑
dodoraantii

鏡子

daawitii

手鏡

daawitii hrkaa

刮鬍刀

milaacii

刮鬍泡沫

dibata areedaas

鬍後水

diibata areedaa

梳子

filaa

刷子

burusha

吹風機

qoorsituu rifeensaa

噴髮定型劑

hafuuftuu rifeensaa

化妝品

meekaappii

唇膏

lippistiikii

指甲油

qeessa muculiksituu

化妝棉

jirbii

指甲剪

murtuu qeessa

香水

shittoo

洗漱包

korojoo dhiqannaa

凳子

gatteechuma

計重秤

iskeelii ulfaatinaa

浴袍

uffata dhiqannaa

橡膠手套

guwaantii pilaastikaa

衛生棉條

moodesii

衛生棉

fooxaa qulquulinaa

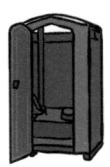

化學廁所

keemikaala mana fincaanii

兒童房

kutaa ijoollee

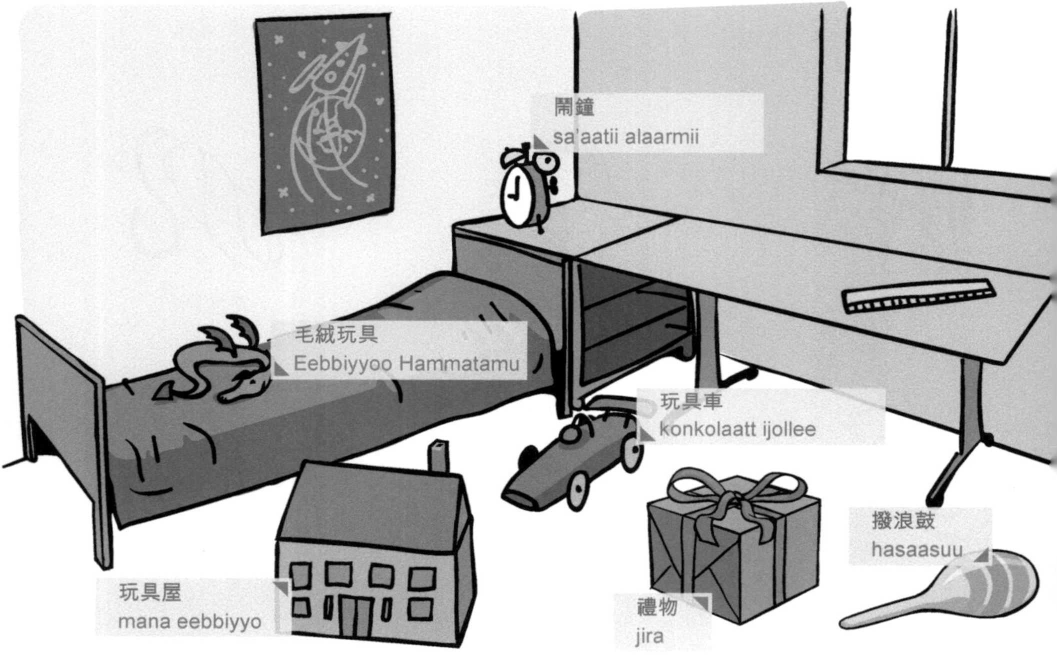
鬧鐘
sa'aatii alaarmii
毛絨玩具
Eebbiyyoo Hammatamu
玩具車
konkolaatt ijollee
撥浪鼓
hasaasuu
玩具屋
mana eebbiyyo
禮物
jira

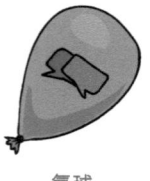

氣球

baaloonii

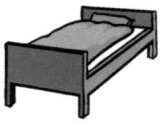

床

siree

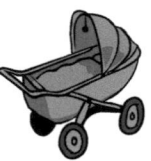

嬰兒車

gaarii daa'imaa

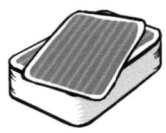

撲克牌

Minjaala Kaardii

拼圖

akaafaa

SUPER
MEGA

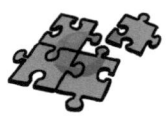

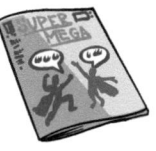

漫畫

kofalchiisaa

樂高積木
lego bricks

積木玩具
dlookii ijaarsaa

公仔
lakkofsa gochaa

嬰兒服
guddina daa'imaa

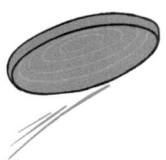

飛盤
saahinaa taphaa

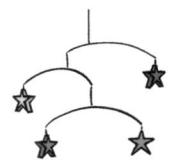

床鈴玩具
mobaayilii

棋盤遊戲
gabatee taphaa

骰子
kuubii lakk. 1-6 qaɓu

火車模型
teessuma leenji'aa
modeelaa

安撫奶嘴
fakkii

派對
afeerrii

繪本
kitaaba fakii

球
kubbaa

洋娃娃
eebiyyoo

玩
tapha

沙坑

boolla cirrachaa

鞦韆

hodhuu

玩具

eebbiyyoo

電玩遊戲

konsoli tapha viidyoo

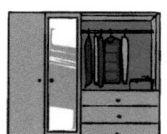

三輪車

marsaa sadii

泰迪熊

eebiyyo hammatamtu

衣櫃

sanduqaa dhaabbii

衣服

cuufinsa

襪子

kaalsii

長襪

istookingii

緊身褲

taayitii

圍巾
guftaa

皮帶
qabattoo

雨傘
dibaaboo

T恤
qomee

靴子
bidiruuwwan

拖鞋
slipparii

運動鞋
leenjitoota

涼鞋
kophee banaa

鞋
kophee

雨靴
bidiruu pilaastikaa

內褲
butaantaa

胸罩
harmaa

背心
sadariyyaa

身體
qaama

褲子
kofoo dheeraa

牛仔褲
jiinsii

短裙
dalgee

女式襯衫
shamiza

襯衫
shurraaba

套頭衫
shurraaba

連帽上衣
haaguuggii jaakkeettii

西裝夾克
yuunifoormii

夾克
jaakkeettii

外套
kootii

雨衣
kafana roobaa

套裝
barsuma

連衣裙
wandaboo

婚紗
kafana gaa'ilaa

西裝

kafana guutuu

睡袍

uffata halkanii

睡衣

bijaamaa

莎麗

wandaboo hindii

頭巾

guftaa

包頭巾

marata

波卡

burqaa

卡夫坦

jalabiyyaa

(阿拉伯式)長袍

abaya

泳衣

kafana daakkaa

男式泳褲

mudhii

短褲

kofoo gabaabaa

運動服

kafanafgichaa

圍裙

appiroonii

手套

guwwaantii

衣服 - cuufinsa

鈕扣

furtuu

眼鏡

burcuqqoowwan

手鏈

gumee

項鍊

amartii

戒指

qubeelaa

耳環

glii

便帽

geeba

衣架

fanoo kootii

帽子

qoobii

領帶

karbaata

拉鍊

ziippii

安全帽

heelmeetii

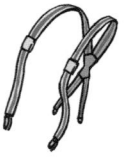

背帶

collee

校服

uffata mana baruumsaa

制服

yuunifoormii

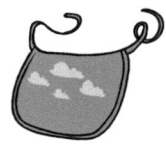

圍兜

kafana gorooraa

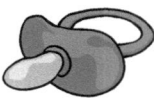

安撫奶嘴

fakkii

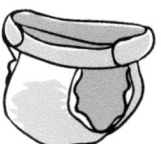

尿布

naappii

辦公室

waajjira

伺服器
sarvarii
檔案櫃
faayil kaabineetii
紙
warqaa
印表機
piriintarii
螢幕
moonitarii
滑鼠
maawzii
辦公桌
minjaala
資料夾
fooldarii
鍵盤
kiiboordii
廢紙簍
qircaata gatoo
電腦
komɔitara
椅子
teessoo

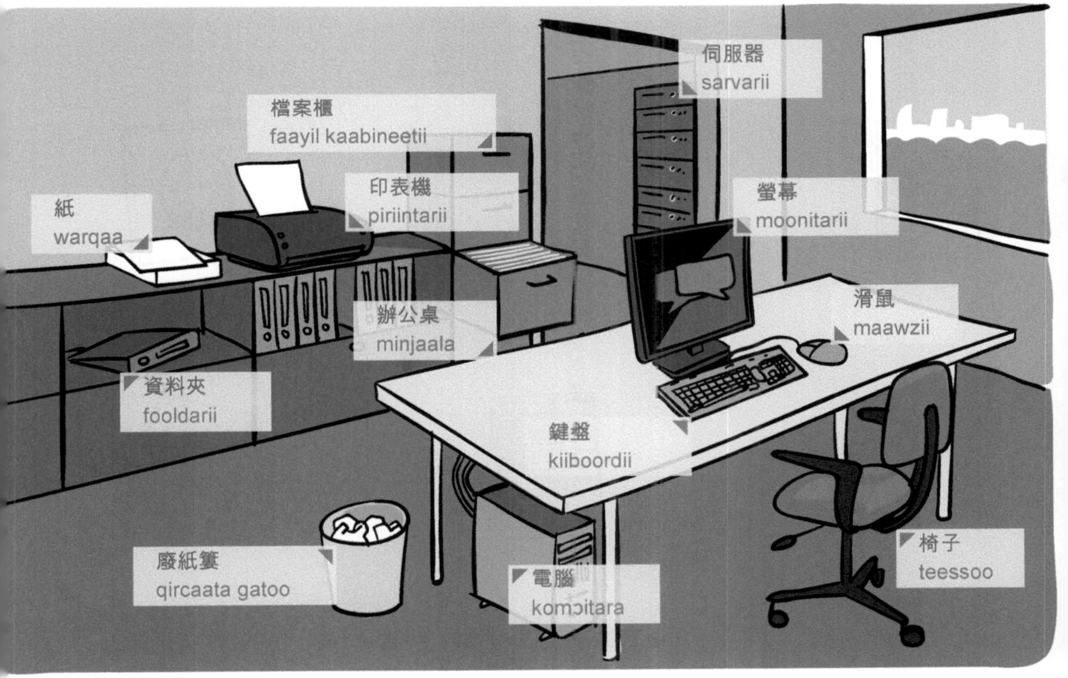

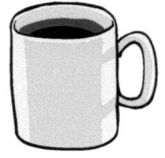

咖啡杯

siinii bunaa

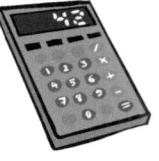

計算機

herregduu

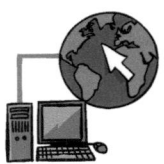

網際網路

intarneetii

筆記型電腦
lab tooppii

信件
xalaya

簡訊
ergaa

行動電話
mobbyilii

網路
neetwoorkii

影印機
maashina footokoppii

軟體
sooft weerii

電話
bilbila

插座
sookkeetii suuqii

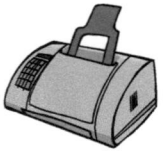

傳真機
maashina faaksiis

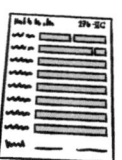

表格
uunkaa

檔案
dookimantii

買

bituu

付錢

kafaluu

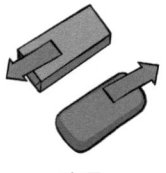

交易

daldaluu

現金

qarshii

美元

doolaara

歐元

yuroou

日元

yen

盧布

ruubilii

瑞士法郎

Farankaa swwiz

人民幣

yuwaanii reenmiinbii

盧比

ruuppee

提款處

kaash pooyintii

外幣兌換處

biiroo de cheenjee

金

warqee

銀

meeta

石油

zayita

能源

human

價格

gatii

合約

koontiraata

稅金

taaksii

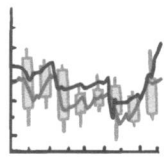

股票

shaqaxa

工作

hojjechuu

職員

qacaramaa

老闆

qacaraa

工廠

faabrikaas

商店

dukkaana

職業

hojii

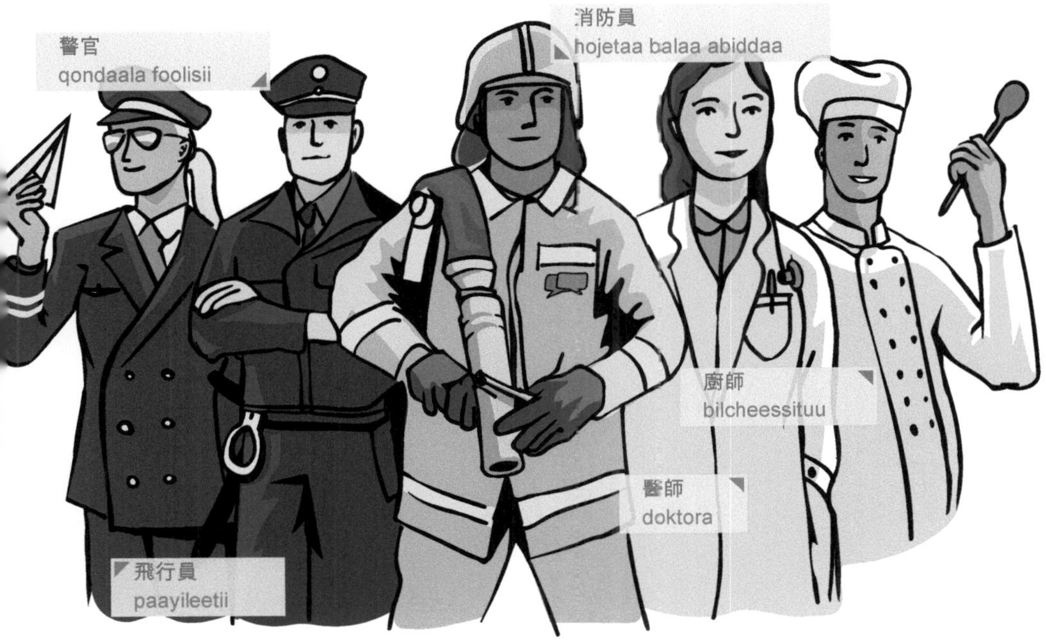

消防員
hojetaa balaa abiddaa
警官
qondaala foolisii
廚師
bilcheessituu
醫師
doktora
飛行員
paayileetii

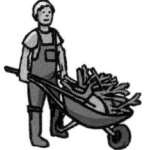

園丁

waardiyyaa

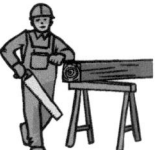

木匠

ogeessa mukaa

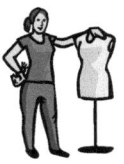

裁縫

ooftuu jabalaa

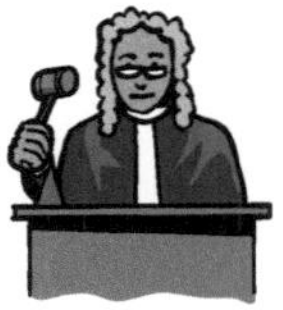

法官

abbaa seeraa

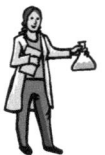

化學家

keemistii

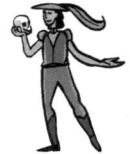

演員

ta’aa

公車司機

konkolaachisaa

計程車司機

konkolaachisaataaksii

漁夫

qurxumii kiyyeessaa

清洗女工

qulqulleessituu

屋頂工

hojetaa baaxii

服務生

keessummeessaa

獵人

adamisituus

畫家

halluu dibduu

麵包師

tolchituu

電工

elektrishaana

建築工人

ijaaraa

工程師

injinara

屠夫

mana foonii

水管工

hjjetaa ujummoo

郵差

poostaa geessituu

士兵

raayyaa

建築師

arkteektii

收銀員

qarshi qabduu

花農

abaaboo gurgurtuu

理髮師

dabbasaa murtuu

售票員

kondaaktara

機械技師

makaanika

船長

kaappiteenii

牙醫

hakiima ilkee

科學家

saayntiistii

拉比

rabbi

伊瑪目

imaama

和尚

moloskee

牧師

luba

工具

meeshaalee

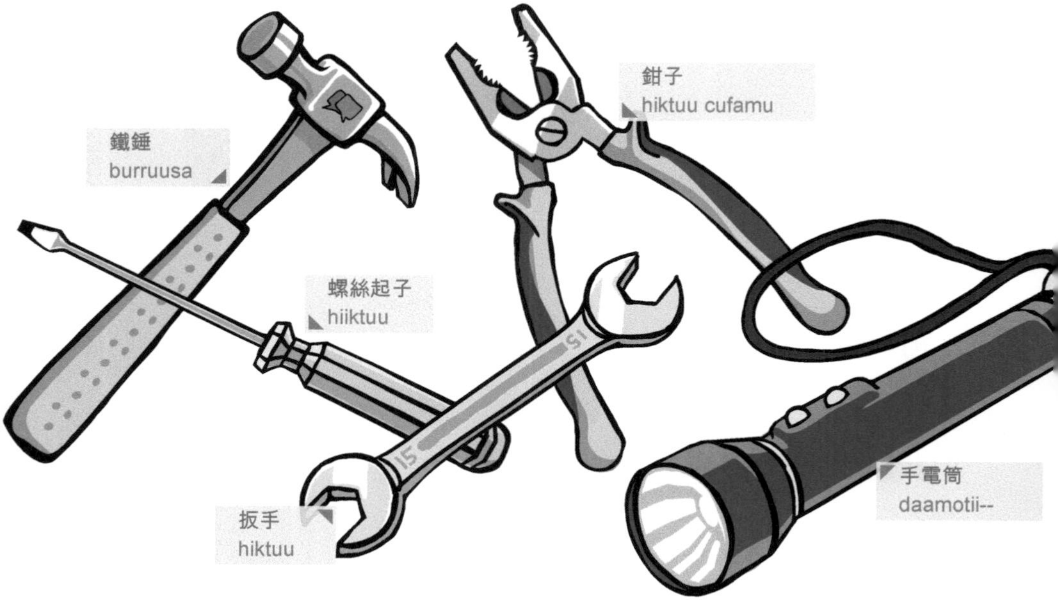
鐵錘
burruusa
鉗子
hiktuu cufamu
螺絲起子
hiiktuu
扳手
hiktuu
手電筒
daamotii--

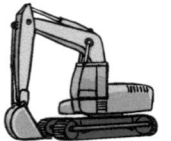

挖掘機

gasoo

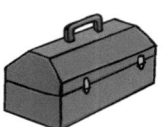

工具箱

saanduqa meeshhalee

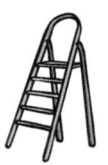

梯子

kortoo

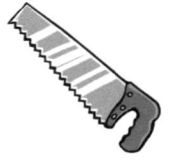

鋸子

magaazii

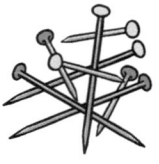

釘子

bismaara

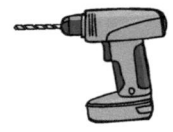

鑽機

diriilii

修
suphuu

鏟子
akaafaa

糟糕！
dhaabi

畚箕
gataa balfaa

油漆桶
qodaa haalluu

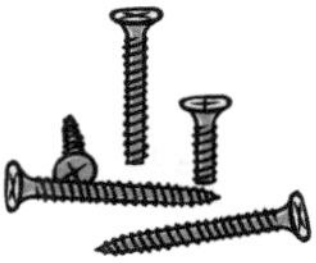

螺絲
hiktuu

樂器
meeshaalee muuziqaa

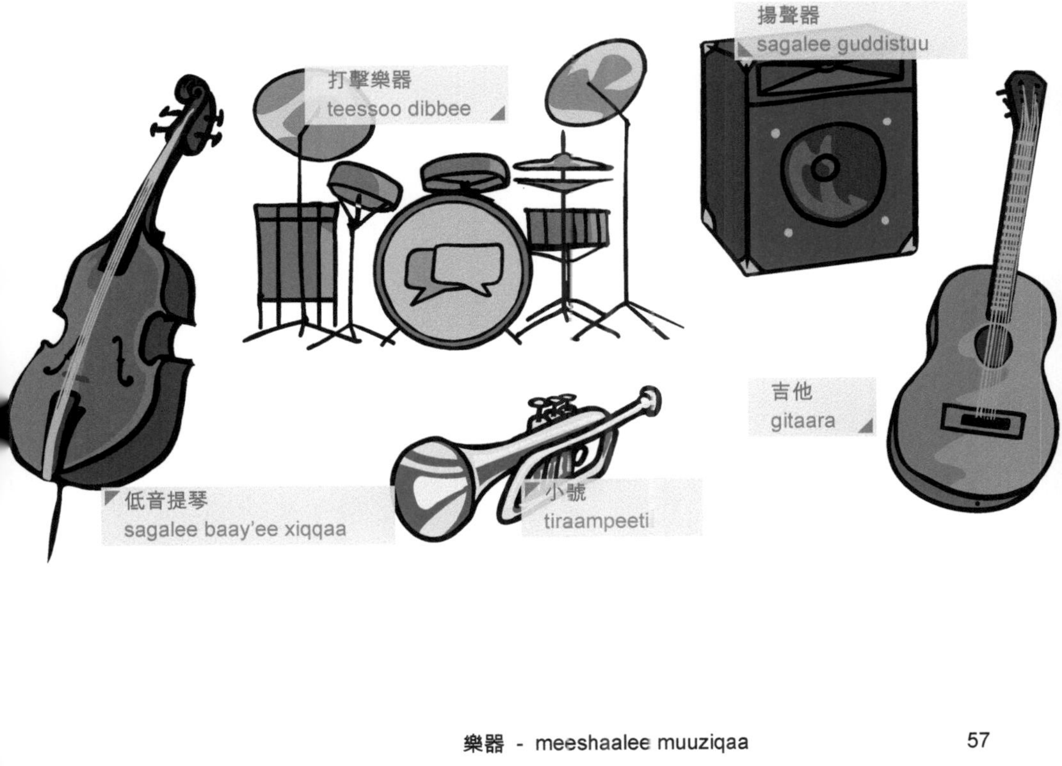

揚聲器
sagalee guddistuu

打擊樂器
teessoo dibbee

吉他
gitaara

低音提琴
sagalee baay'ee xiqqaa

小號
tiraampeeti

鋼琴

piyaanoo

小提琴

vaayoolinii

貝斯

sagalee xiqqaa

定音鼓

timpaanii

鼓

dibbee

電子琴

kiiboordii

薩克斯風

saaksi foona

長笛

ulullee

麥克風

may craafoona

dallaa beeladaa

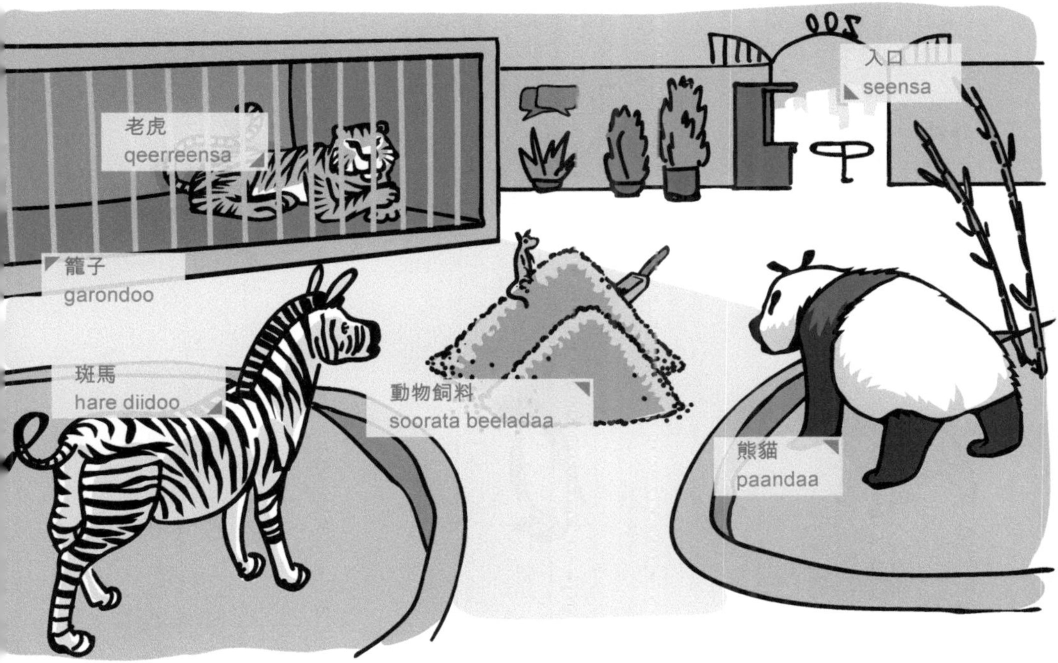
老虎
qeerreensa
入口
seensa
籠子
garondoo
斑馬
hare diidoo
動物飼料
soorata beeladaa
熊貓
paandaa

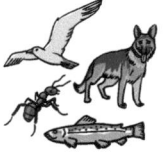

動物

beeladoota

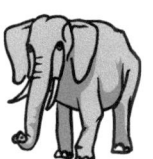

大象

arba

袋鼠

kaangaaroo

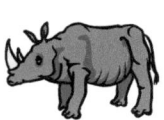

犀牛

warseesa

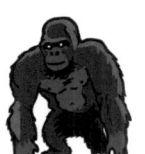

大猩猩

jaldeessa guddaa

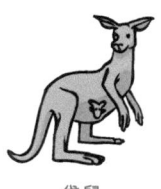

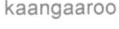

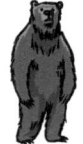

熊

godaa

駱駝

gala

鴕鳥

guchii

獅子

leenca

猴子

jaldeessa

紅鶴

fiilaamingoo

鸚鵡

simbira dubbattu

北極熊

diibii poolarii

企鵝

peengyuunii

鯊魚

shaarkii

孔雀

piikookii

蛇

bofa

鱷魚

qocaa

動物園管理員

eegaa zoo

海豹

chaappaa

美洲豹

sanyii qeerensaa

動物園 - dallaa beeladaa

矮種馬

farda gabaabduu

豹

sanyii qeerrensaa

河馬

roobii

長頸鹿

sattaawwaa

老鷹

culullee

野豬

ifaannaa

魚

qurxummii

龜

qocaa galaanaa

海象

beelada bishaan keessaa

狐狸

sardiida

羚羊

godaa

橄欖球
kubbaa miilaa ameerikaa

騎腳踏車
dargmmii bishkilileettaa

網球
teenisa

籃球
kubba kaachoo

游泳
bishaan daakkaa

拳擊
aboottoo

冰球
sigigoo cabbie

美式足球
kubbaa miilaa

羽毛球
baadmentanii

田徑
atileetii

手球
kubba harkaa

滑雪
skiing

馬球
pooloo

跳
utaalcha

擁抱
hammachuu

笑
kolfa

走路
deemuu

唱
sirbuu

做夢
abjuu

祈禱
kadhannaa

親吻
dhungoc

書寫
barreessuu

畫
fakkii kaasuu

展示
agrsiisuu

推
dhiibuu

給
kennuu

拿
fudhachuu

有

qabaachuu

做

gochuu

當

ta'uu

站

dhaabbachuu

跑

kaachuu

拉

harkisuu

丟

darbachuu

摔倒

kufuu

躺

soba

等待

eeguu

攜帶

baachuus

坐

taa'uu

穿衣

uffachuu

睡覺

rafuu

醒來

dammaquu

看
ilaaluu

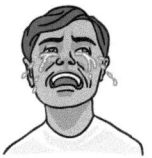

哭
iyyuu

擊
dhiibbaa dhiigaa

梳頭
filuu

交談
haasa'uu

明白
hubachuu

問
gaafachuu

聽
dhggeeffachuu

喝
dhuguu

吃
nyaachuu

清理
ol kaasuu

愛
jaalala

做飯
bilcheessuus

開車
oofuu

飛
barrisuu

活動 - sochii

航行
jabalan

計算
heerregii

讀
dubbisuu

學習
baruumsa

工作
hojjechuu

結婚
fuudha

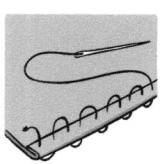

縫
hodhuu

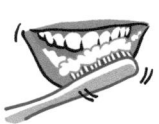

刷牙
ilkaan rigachuu

殺
ajjeecha

抽菸
xuuxuu

寄
erguu

家

warra

karaa haadhaa

祖父
akaakayyuu karaa abbaa

父親
abbaa

母親
haadha

嬰兒
daa'ima

女兒
intala durbaa

兒子
ilma dhiiraa

客人
keessummaas

阿姨
adaadaa

叔叔
eessuma

兄弟
obboleessa

姐妹
obboleettii

身體

qaama

前額
adda
眼睛
ija
肩膀
ceekuu
手指
quba
臉
fuula
下巴
igicii
手
harka
腿
luka
乳房
harma
手臂
irree

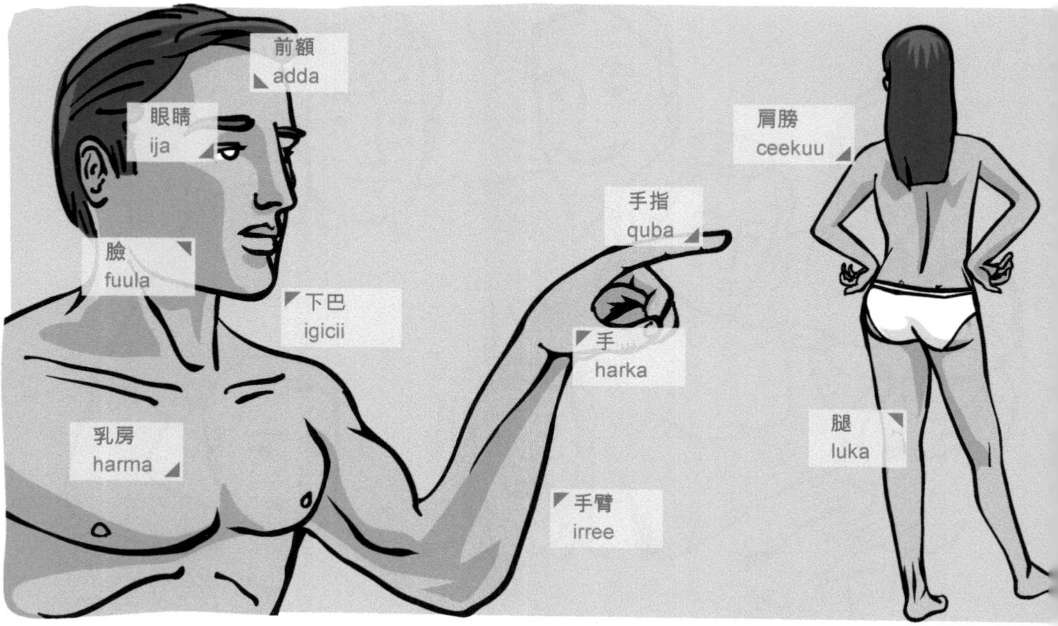

嬰兒

daa'ima

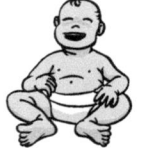

男人

nama

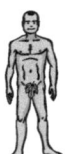

女人

dubartii

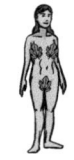

女孩

durba

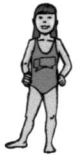

男孩

mucaa

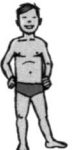

頭

mataa

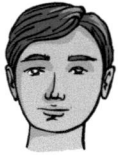

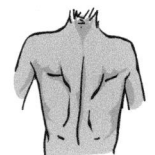

背部
duuba

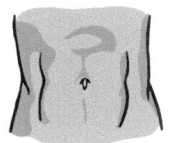

肚子
godhami

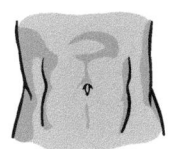

肚臍
belly button

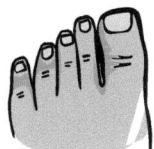

腳趾
qubq miilaa

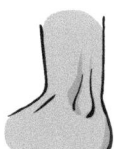

腳後跟
koomee

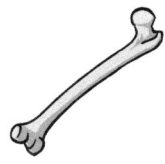

骨頭
lafee

臀部
dirra

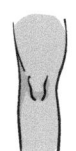

膝蓋
jilba

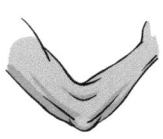

手肘
ciqilee

鼻子
fuunyaan

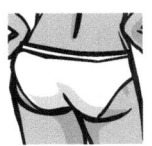

屁股
jala

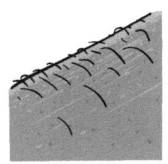

皮膚
gogaa

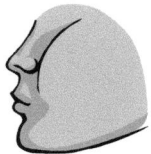

臉頰
boqoo

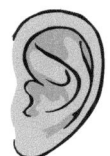

耳朵
gurra

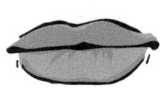

嘴唇
hidhii

嘴

afaan

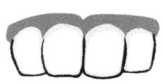

牙齒

ilkee

舌頭

arraba

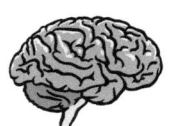

腦

sammuu

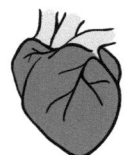

心臟

onnee

肌肉

fon irree

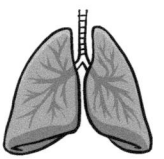

肺

somba

肝臟

tiruu

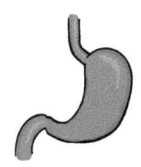

胃

garaacha

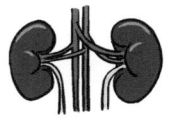

腎臟

kaleewwan

性交

wal qunnamitii saalaa

保險套

kondomii

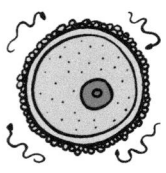

卵子

buphaa dubartii

精子

mi'oo

懷孕

ulfa

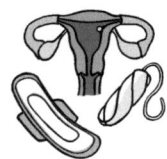

月事

laguu ji'aa

陰道

buqushaa

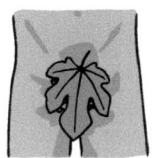

陰莖

tuffee

眉毛

laboobbaa ijaa

頭髮

rifeensa

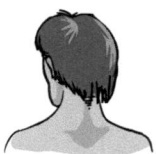

脖子

morma

醫院

hospitaala

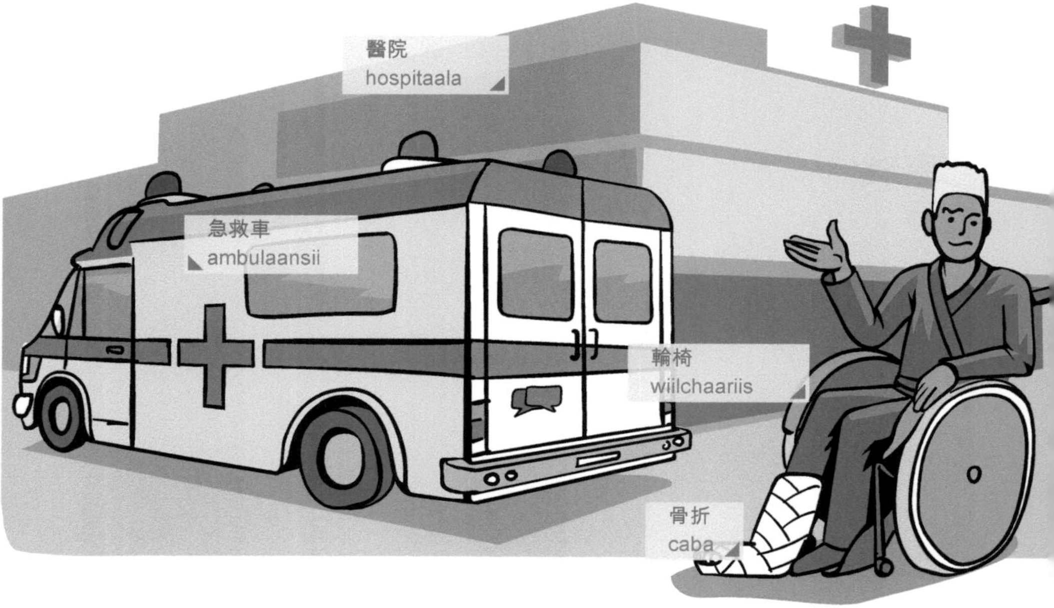

醫院
hospitaala
急救車
ambulaansii
輪椅
wiilchaariis
骨折
caba

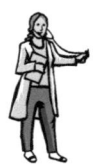

醫師

doktora

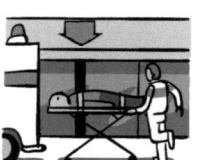

急診室

kutaa hatattamaa

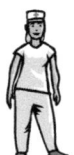

護理師

narsii

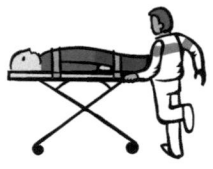

緊急情形

hatattama

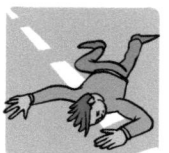

昏迷

kan hin dammaqin

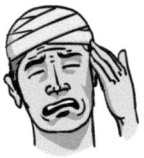

痛

dhukkubbii

受傷

miidhhaa

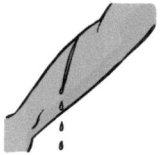

出血

dhiiguu

心臟病發作

dhukkuba onnee

中風

baay'ina dhiigaa

過敏

hooqxoo

咳嗽

qufaa

發燒

oo'aa qaamaa

流感

qufaa

腹瀉

baasaa

頭痛

bowoo mataa

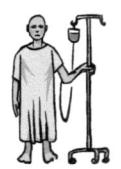

癌症

kaansarii

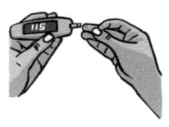

糖尿病

dhibee sukkaaraa

外科醫師

baqaqsanii hodhuu

手術刀

halbee

手術

hojii

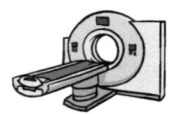

電腦斷層掃描
CT

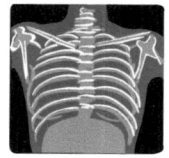

X光
raajii

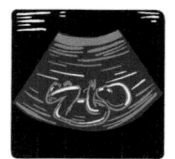

超音波
aaltraasaawandii

口罩
haguuggii fuuiaa

疾病
dhukkuba

候診室
kutaa haar galfii

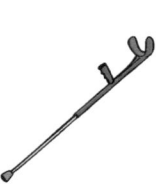

拐杖
hirkannaa

石膏
pilaastara

繃帶
baandeejii

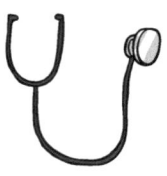

注射
limmoo waraanuu

聽診器
isteetskooppi

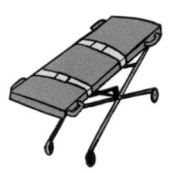

擔架
siree dhukkubsataa

體溫計
termoo meetira klinikaa

出生
dhaloota

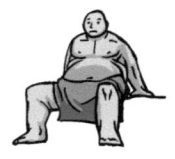

超重
ulfaatinaa ol

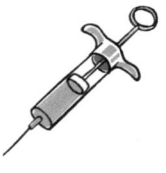

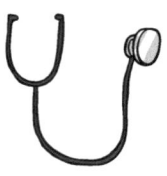

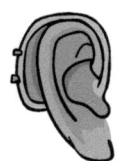

助聽器

gargaaraa dhageettii

消毒液

qoricha aramaa

感染

miidhama keessaa

病毒

vaayirasa

愛滋病

ECH AAIVII / EEDSII

藥物

qoricha

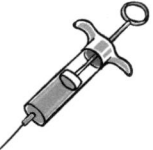

接種疫苗

talaallii

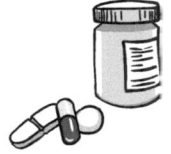

藥片

kiniinii

藥丸

kiniinii

急救電話

waamicha hatattamaa

血壓計

too'attuu dhiibbaa dʰiigaa

生病/健康

dhukkuba / fayyaa

救命！
gargaarsa!

警報
alaarmiis

突擊
weerara

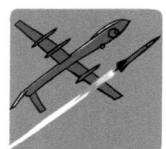
攻擊
miidhuu

危險
suukaneessaa

緊急出口
baha hatattamaa

失火了！
abidda

滅火器
abidda dhaamisituu

意外
balaa

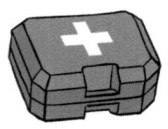
急救箱
saanduqa gargaasa
calqabaa

呼救訊號
Sii'oosii

員警
foolisii

歐洲

awurooppaa

北美洲

ameerikaa kabaa

南美洲

ameerikaa kibbaa

非洲

afrikaa

亞洲

eesiyaa

澳洲

awustraaliyaa

大西洋

atilaantik

太平洋

paasfiik

印度洋

galaana hindii

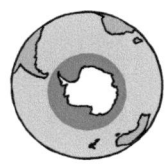

南冰洋

galaana antaartikaa

北冰洋

galaana arkitii<

北極

polii kaabaa

南極

polii kibbaa

南極洲

antaartikaa

地球

dachee

陸地

dachee

海

garba

島

odola

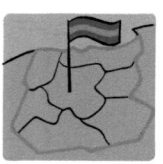

國家

lammii

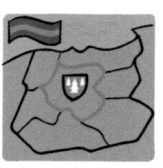

州

kutt biyyaa

錶盤

clock face

時針

sa'aatii kana

分針

daqiiqaa kana

秒針

moofaa

現在幾點？

yeroon meeqa ta'ee?

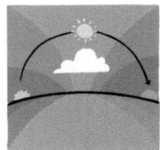

天

guyyaa

時間

yeroo

現在

amma

電子錶

sa'aatii diiskoo

分

daqiiqaa

時

sa'aatii

週

torbee

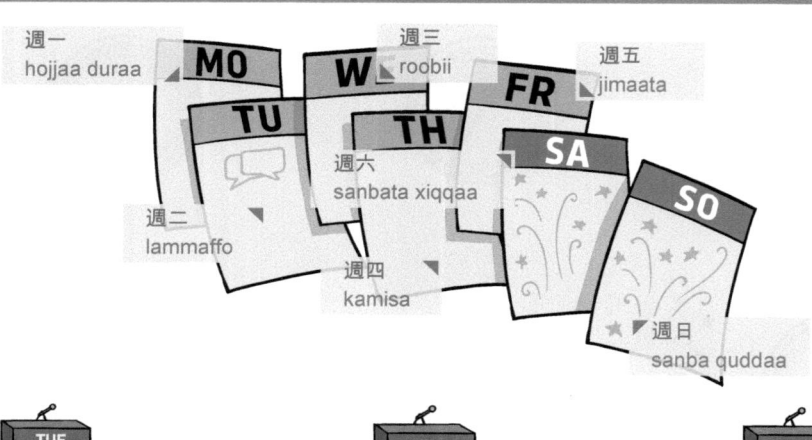

週一
hojjaa duraa

週三
roobii

週五
jimaata

週二
lammaffo

週六
sanbata xiqqaa

週四
kamisa

週日
sanba quddaa

昨天

kaleessa

今天

har'a

明天

boru

早晨

ganama

中午

guyyaa qixxee

晚上

galgala

MO	TU	WE	TH	FR	SA	SU
1	2	3	4	5	6	7
8	9	10	11	12	13	14
15	16	17	18	19	20	21
22	23	24	25	26	27	28
29	30	31	1	2	3	4

工作日

guyyaa hojii

MO	TU	WE	TH	FR	SA	SU
1	2	3	4	5	6	7
8	9	10	11	12	13	14
15	16	17	18	19	20	21
22	23	24	25	26	27	28
29	30	31	1	2	3	4

週末

dhuma forbee

年

waggaa

雨
rooba
彩虹
sabbata waaqqaa
風
bubbee
雪
cabbii
春
birraa
秋
arfaasaa
夏
bona
冬
ganna

4.APRIL 11°
5.APRIL 4°
6.APRIL 13°
7.APRIL 8°
8.APRIL 10°

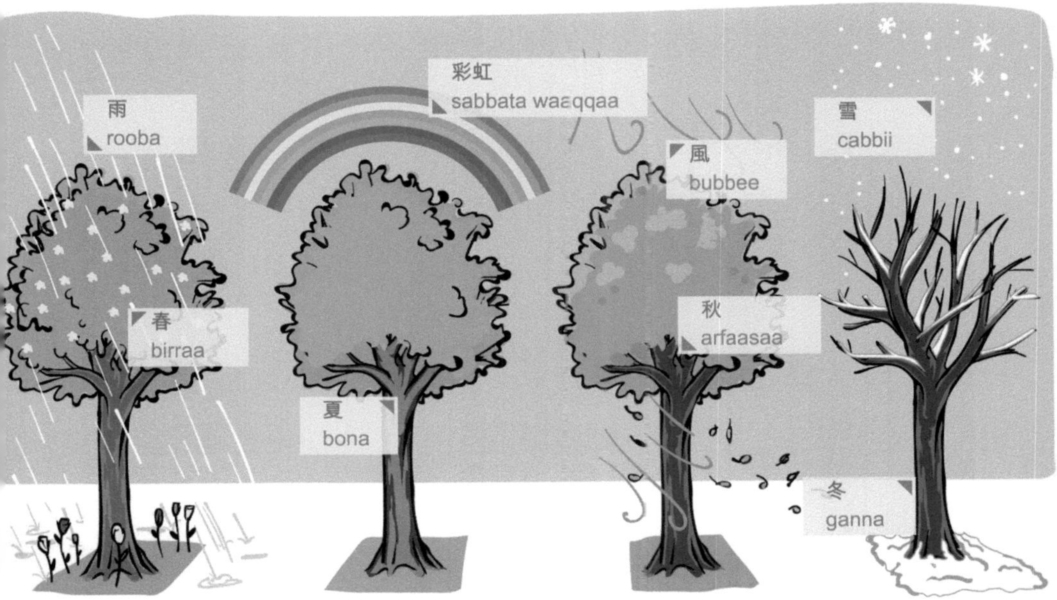

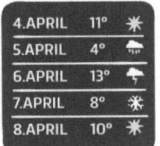

天氣預告

raaga haala qileensaa

F C
120 40
90 30
60 20
30 10
0 0
-30 -10
-20

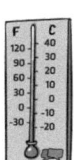

溫度計

teermoomeetirii

陽光

baha aduu

雲

duumessa

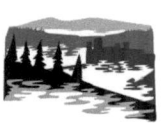

霧

hurii

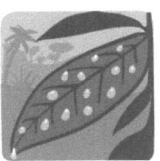

潮濕

jiidha

閃電

bakakkaa

打雷

balaqqee

風暴

dirrisa

冰雹

cabbii

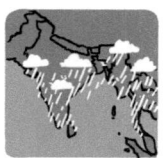

季風

monsoon

洪水

lolaa

冰

cabbie

一月

Amajjii

二月

Gurraandhala

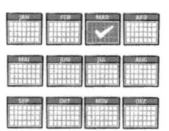

三月

Bitootessa

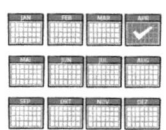

四月

Eebila

五月

Caamsaa

六月

Waxabajji

七月

Adooleessa

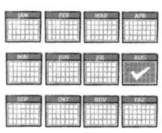

八月

Hagayya

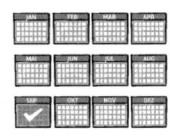

九月

Fulbaana

十月

Onkololeessa

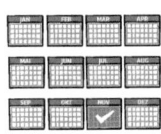

十一月

Sadaasa

十二月

Muddee

形狀

boca

圓形

geengoo

正方形

isqeerii

長方形

rog arfee

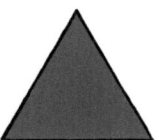

三角形

rg sadee

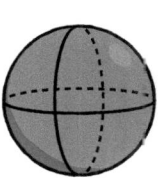

球體

molaalee

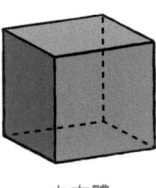

立方體

kuubii

白
adii

黃
boora

橙
keelloo

粉
boorilee

紅
diimaa

紫
bunnii

藍
cuqliisa

綠
magariisa

棕
magaala

灰
bulee

黑
gurraacha

很多/少許

baay'ee / xiqqoo

生氣/平靜

aara / gammachuu

美/醜

bareeda / fokkuu

首/尾

calqaba / xumuura

大/小

guddaa / xiqqaa

明/暗

ifa / dukkana

兄弟/姐妹

obboleessa / obboleettii

乾淨/骯髒

qulqulluu / xurii

完整/缺失

xumuuramaa / kan hin xumuuramin

白天/晚上

guyyaa / halkan

死/生

du'aa / jiraa

寬/窄

bal'aa / dhiphaa

可食用/非食用

kan nyaatamu / kan hin nyaatamne

邪惡/善良

badd / gaarii

興奮/無聊

gammachuu / ifannaa

胖/瘦

furdaa / qal'aa

第一/最後

calqaba / dhuma

朋友/敵人

michuu / diina

滿/空

guutuu / duwwaa

硬/軟

sakoruu / lalllaafaa

重/輕

ulfaataa / salphaa

餓/渴

beeluu / dheebuu

生病/健康

dhukkuba / fayyaa

非法/合法

seer malee / seera qabeessa

聰明/愚笨

gaanfuree / dabeessa

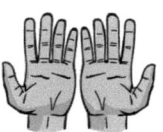

左/右

bitaa / mirga

近/遠

maddii / fagoo

新/舊

haara'a / moofaa

沒有/有些

homma / waan tokko

老/幼

jaarsa / dargaggeessa

開/關

ibsuu / dhaamsuu

打開/闔上

banuu / cufuu

安靜/吵鬧

callisuu / sagalee olkaasuu

富/窮

sooressa / hiyyeessa

對/錯

sirrii / dogongora

粗糙/光滑

sokorruu / lallaafaa

傷心/高興

aara / gammachuu

短/長

dheeraa / gabaabaa

慢/快

qususaa / collee

濕/乾

jiidhaa / goggogaa

溫暖/涼爽

oo'aa / qorraa

戰爭/和平

lola / nagaa

lakkoofsota

0

零

duwwaa

1

一

tokko

2

二

lama

3

三

sadis

4

四

afur

5

五

shan

6

六

jaha

7

七

torba

8

八

saddeet

9

九

sagal

10

十

kudhan

11

十一

kudha tokko

12

十二

kudha lama

13

十三

kudha sadi

14

十四

kudha afur

15

十五

kudha shan

16

十六

kudha jaha

17

十七

kudha torba

18

十八

kudha saddeet

19

十九

kudha sagal

20

二十

diigdama

100

百

dhibba

1.000

千

kuma

1.000.000

百萬

maliyoona

英語
Ingiliffa

美式英語
Ingiliffa Ameerikaa

普通話
Mandarinii chaayinaa

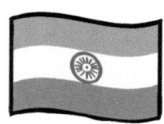

印地語
Afaan Hindii

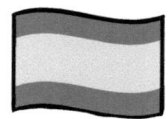

西班牙語
Afaan Speen

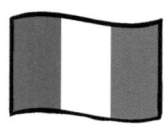

法語
Afaan Faransaay

阿拉伯語
Afaan Arabaa

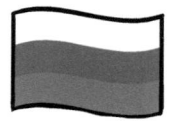

俄語
Afaan Raashaa

葡萄牙語
Afaan Poortugaal

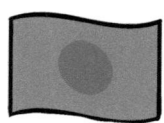

孟加拉語
Afaan Beengaal

德語
Afaan Jarman

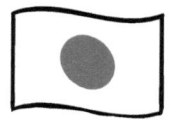

日語
Afaan Jaappaan

我

ana

你

si

他/她/它

isa / ishii / isa / wantootaf

我們

nu'ii

你們

isin

他們

isan

誰？

eenyuu?

什麼？

maal?

如何？

akkamitti

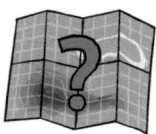

何處？

eessa?

何時？

hoom?

名字

maqaa

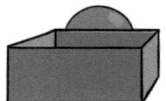

後面

duuba

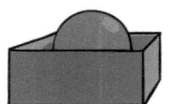

裡面

keessa

前面

fuldura

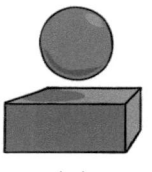

上方

irra

上面

gubbaa

下麵

jala

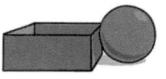

旁邊

maddii

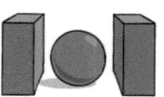

中間

gidduu

地點

bakkee